Introduction

The goal of this book is to help practice the writing of letters and words in Hindi Devanagri script.

The first section of this book provides sheets to practice writing individual letters of the alphabet. The next section is devoted to the practice of matras. The third section is to practice writing some common words in Hindi. The final section includes practicing some simple short sentences in Hindi.

In order to practice writing, dashed outlines of the letters, words or sentences are provided along with guidelines to help trace the letters. The outline of each letter is just wide enough for an average crayon or pencil to trace through it. Once the outline is traced through, one gets the complete letter.

The first line of each page has more of the outlined letter or word. The number of outlined letters/words decreases gradually leaving more room for practicing writing it out in free form.

Each page has an instance of the letter, word or script that is completely worked out and can be used as reference during the writing exercises.

Repetitive writing of letters in the manner provided is a way to get sufficient practice to write a script. Hope this book is useful in your child's endeavors to learn Hindi.

Chanda Books
Email: chandabooks@optonline.net
Web: http://www.chandabooks.com

Copyright © 2010 by Dr. Dinesh C. Verma

2

Table of Contents/तालिका

Hindi Alphabet

अ आ इ ई उ ऊ ऋ
ए ऐ ओ औ अं अः

क ख ग घ ङ
च छ ज झ ञ
ट ठ ड ढ ण
त थ द ध न
प फ ब भ म
य र ल व
श ष स ह

Letters/अक्षर

Use this section to practice making Hindi letters.

Each page on this section consists of seven rows, with the top row containing seven instances of the outline of a letter, and each subsequent row containing one less instance.

Use your crayon, pencil or pen to trace through the outline of the letter to practice writing it. When you are done with the outlined letter, on the space that is remaining on the right of the row, practice making the letter without the outline. You can use the grid-lines to help in making the letter. Use the top left-most letter as the reference as you complete the exercises.

अ अ अ अ अ अ अ

अ अ अ अ अ अ

अ अ अ अ अ

अ अ अ अ

अ अ अ

अ अ

अ

आ आ आ आ आ आ आ

आ आ आ आ आ आ

आ आ आ आ आ

आ आ आ आ

आ आ आ

आ आ

आ

ई ई ई ई ई ई ई

ई ई ई ई ई ई

ई ई ई ई

ई ई ई ई

ई ई ई

ई ई

ई

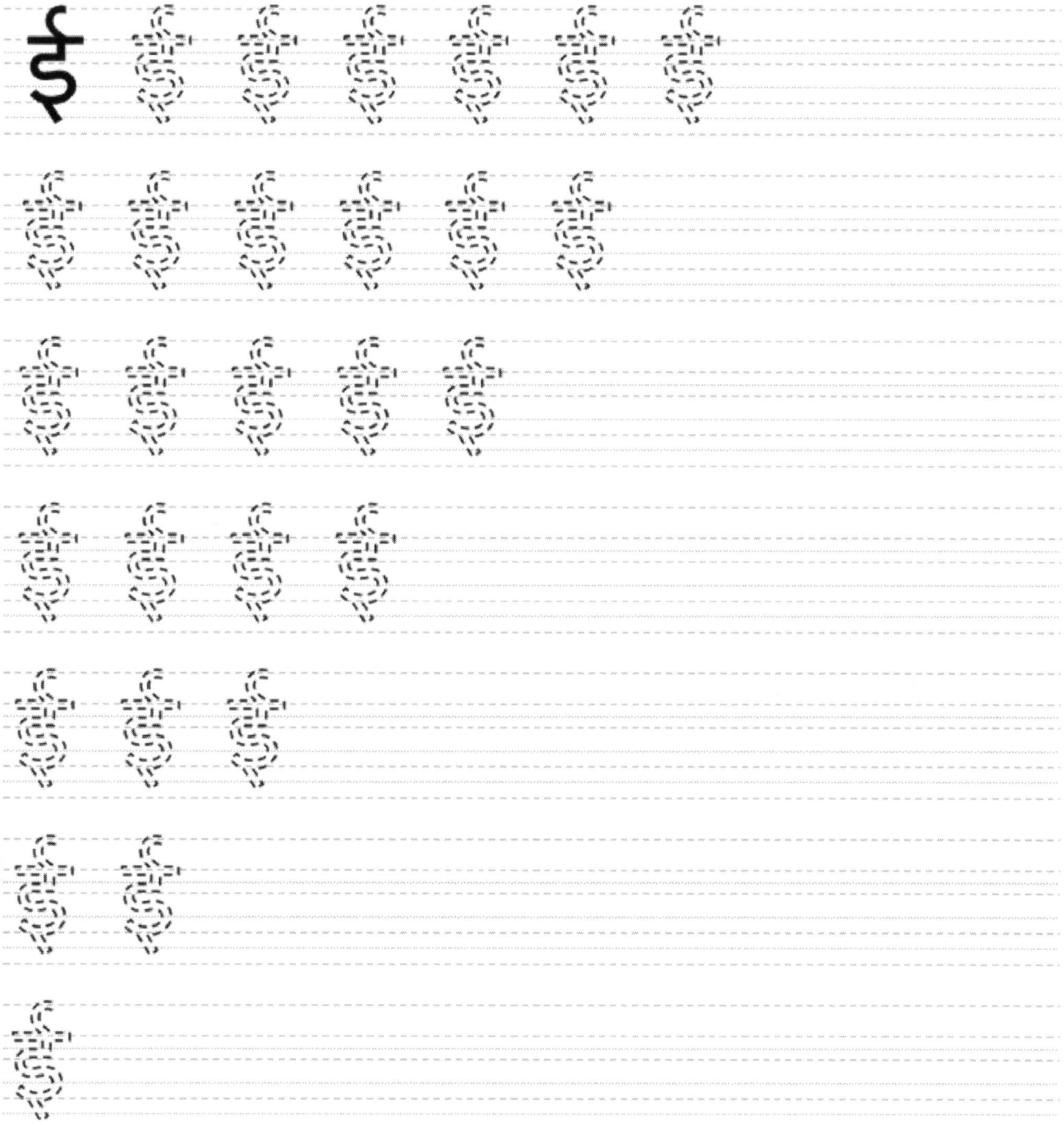

§ § § § § § §

§ § § § § §

§ § § § §

§ § § §

§ § §

§ §

§

Ӡ Ӡ Ӡ Ӡ Ӡ Ӡ Ӡ

Ӡ Ӡ Ӡ Ӡ Ӡ Ӡ

Ӡ Ӡ Ӡ Ӡ Ӡ

Ӡ Ӡ Ӡ Ӡ

Ӡ Ӡ Ӡ

Ӡ Ӡ

Ӡ

ऊ ऊ ऊ ऊ ऊ ऊ ऊ

ऊ ऊ ऊ ऊ ऊ ऊ

ऊ ऊ ऊ ऊ ऊ

ऊ ऊ ऊ ऊ

ऊ ऊ ऊ

ऊ ऊ

ऊ

ऋ ऋ ऋ ऋ ऋ ऋ ऋ

ऋ ऋ ऋ ऋ ऋ ऋ

ऋ ऋ ऋ ऋ ऋ

ऋ ऋ ऋ ऋ

ऋ ऋ ऋ

ऋ ऋ

ऋ

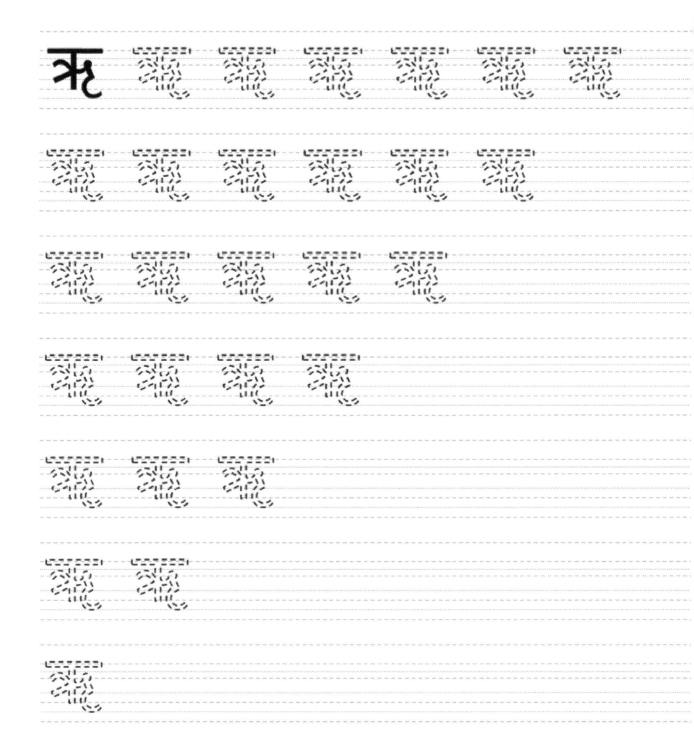

ए ए ए ए ए ए ए

ए ए ए ए ए ए

ए ए ए ए ए

ए ए ए ए

ए ए ए

ए ए

ए

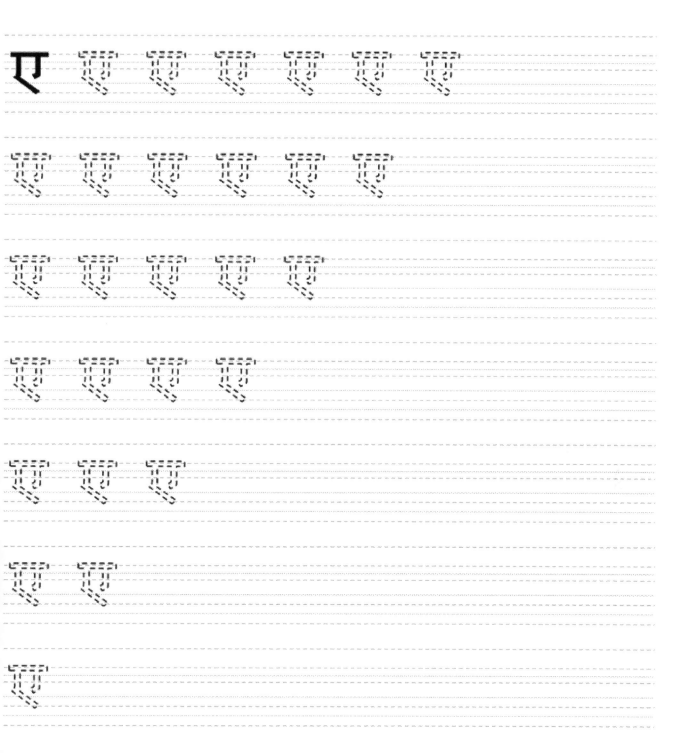

ऐ

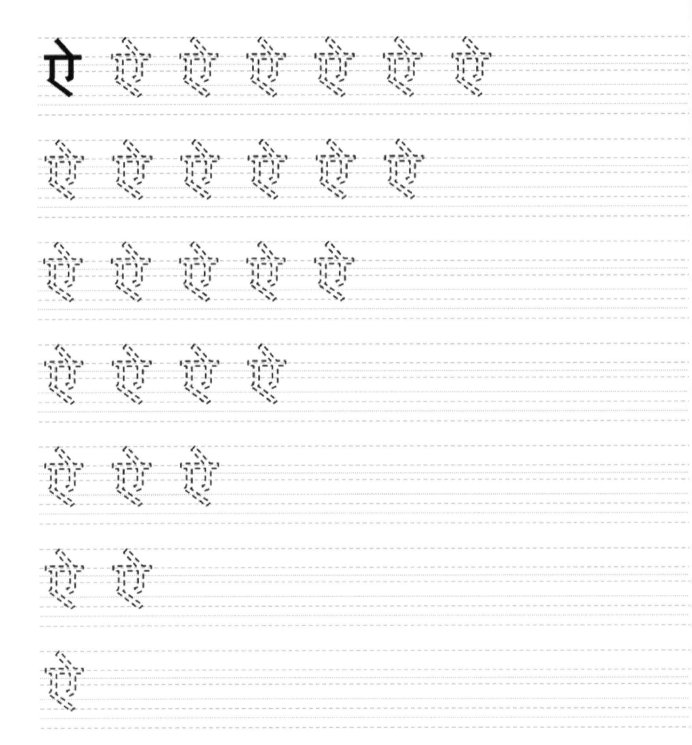

ओ ओ ओ ओ ओ ओ ओ

ओ ओ ओ ओ ओ ओ

ओ ओ ओ ओ ओ

ओ ओ ओ ओ

ओ ओ ओ

ओ ओ

ओ

औ औ औ औ औ औ औ

औ औ औ औ औ औ

औ औ औ औ औ

औ औ औ औ

औ औ औ

औ औ

औ

अं अं अं अं अं अं अं

अं अं अं अं अं अं

अं अं अं अं अं

अं अं अं अं

अं अं अं

अं अं

अं

अ: अ: अ: अ: अ: अ: अ:

अ: अ: अ: अ: अ: अ:

अ: अ: अ: अ: अ:

अ: अ: अ: अ:

अ: अ: अ:

अ: अ:

अ:

क

क क क क क क

क क क क क क

क क क क क

क क क क

क क क

क क

क

ख ख ख ख ख ख ख

ख ख ख ख ख ख

ख ख ख ख ख

ख ख ख ख

ख ख ख

ख ख

ख

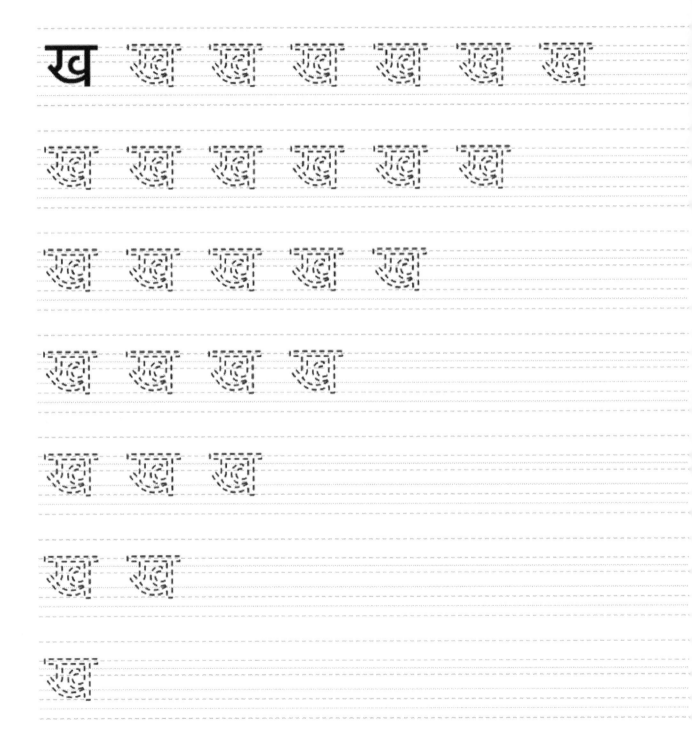

ग ग ग ग ग ग ग

ग ग ग ग ग ग

ग ग ग ग ग

ग ग ग ग

ग ग ग

ग ग

ग

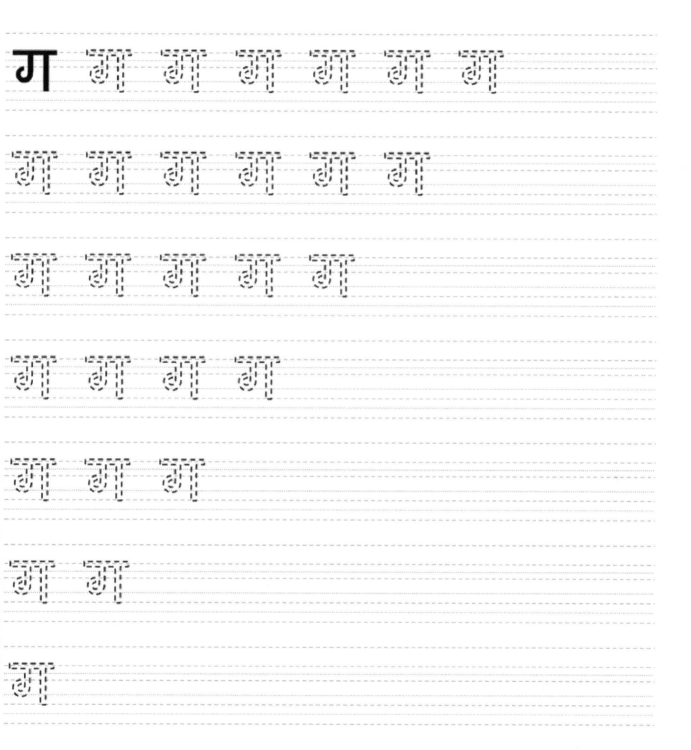

घ

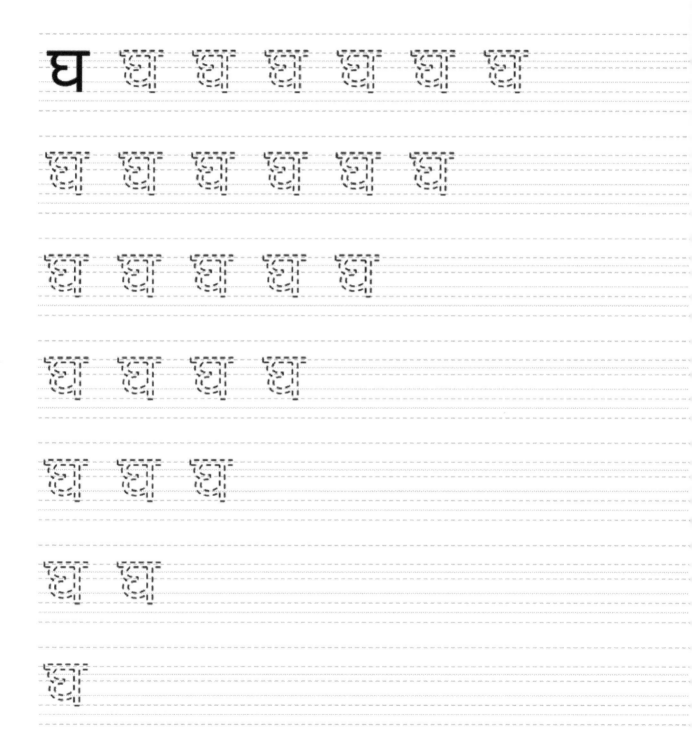

ड़ ड़ ड़ ड़ ड़ ड़ ड़

ड़ ड़ ड़ ड़ ड़ ड़

ड़ ड़ ड़ ड़ ड़

ड़ ड़ ड़ ड़

ड़ ड़ ड़

ड़ ड़

ड़

च च च च च च च

च च च च च च

च च च च च

च च च च

च च च

च च

च

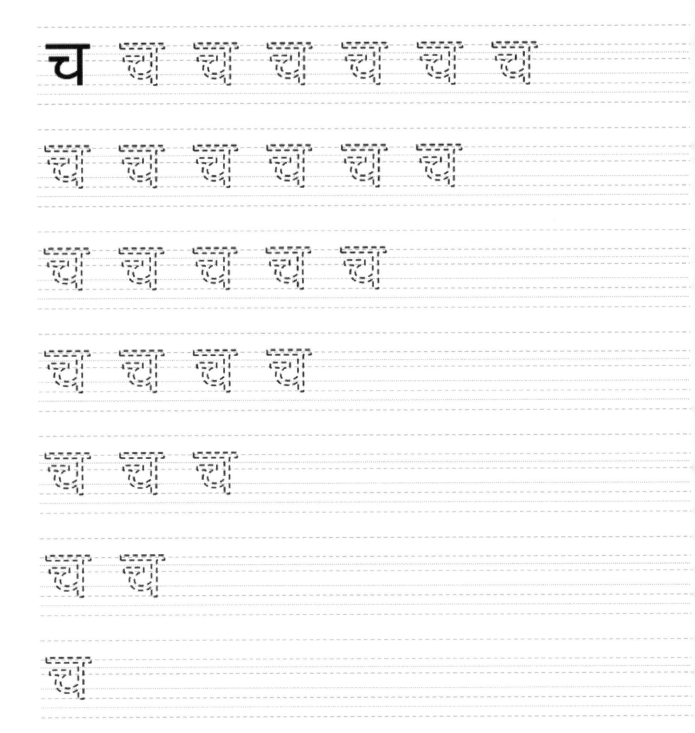

छ

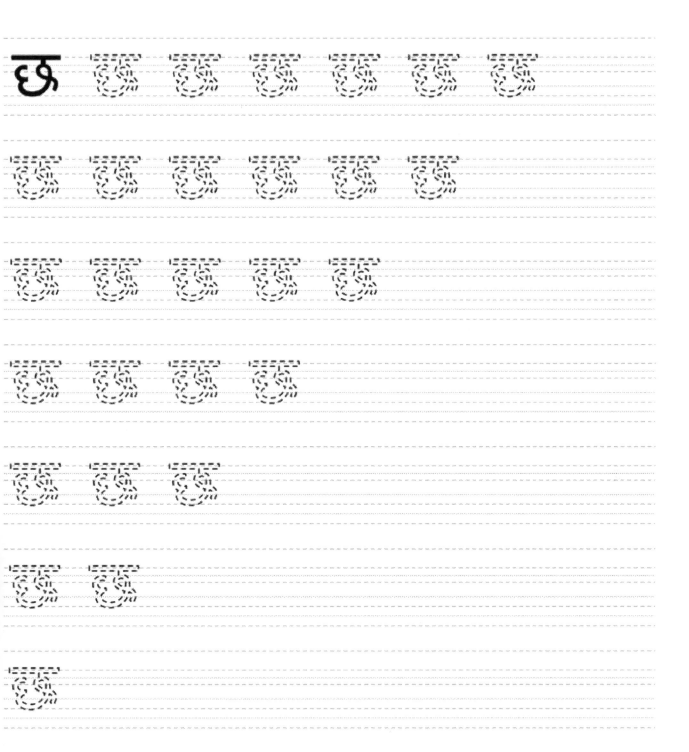

ज ज ज ज ज ज ज

ज ज ज ज ज ज

ज ज ज ज ज

ज ज ज ज

ज ज ज

ज ज

ज

झ झ झ झ झ झ झ

झ झ झ झ झ झ

झ झ झ झ झ

झ झ झ झ

झ झ झ

झ झ

झ

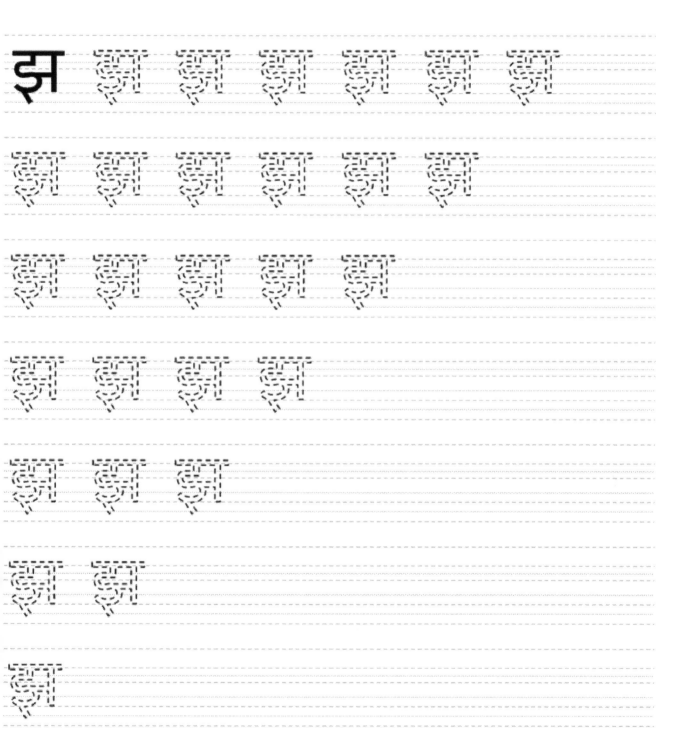

ट ट ट ट ट ट ट

ट ट ट ट ट ट

ट ट ट ट ट

ट ट ट ट

ट ट ट

ट ट

ट

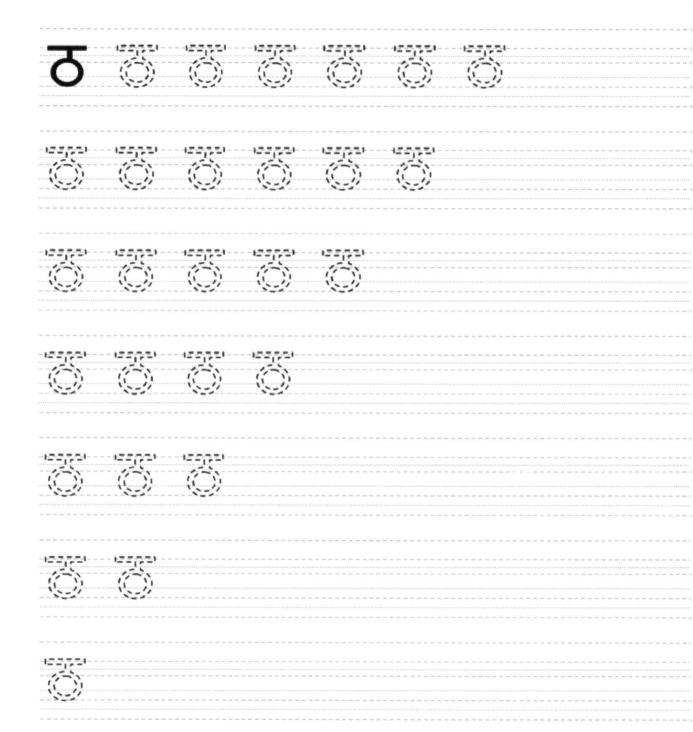

ड ड ड ड ड ड ड

ड ड ड ड ड ड

ड ड ड ड ड

ड ड ड ड

ड ड ड

ड ड

ड

ট

ট ট ট ট ট ট

ট ট ট ট ট ট

ট ট ট ট ট

ট ট ট ট

ট ট ট

ট ট

ট

ण ण ण ण ण ण ण

ण ण ण ण ण ण

ण ण ण ण ण

ण ण ण ण

ण ण ण

ण ण

ण

त त त त त त त

त त त त त त

त त त त त

त त त त

त त त

त त

त

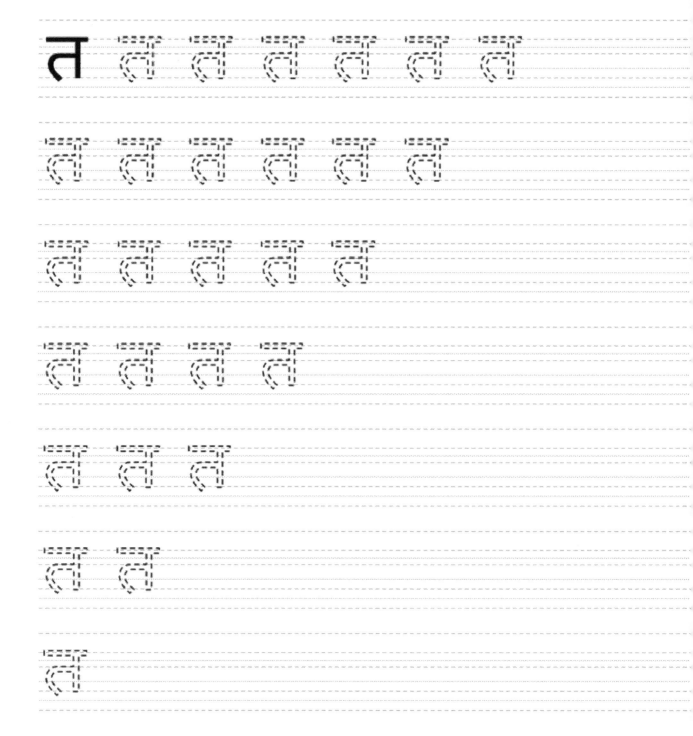

थ थ थ थ थ थ थ

थ थ थ थ थ थ

थ थ थ थ थ

थ थ थ थ

थ थ थ

थ थ

थ

द

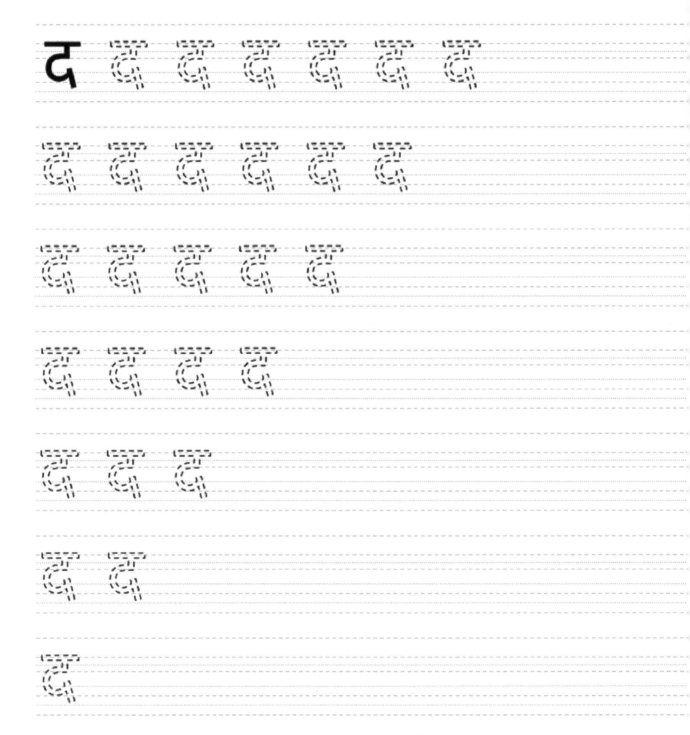

ध ध ध ध ध ध ध

ध ध ध ध ध ध

ध ध ध ध ध

ध ध ध ध

ध ध ध

ध ध

ध

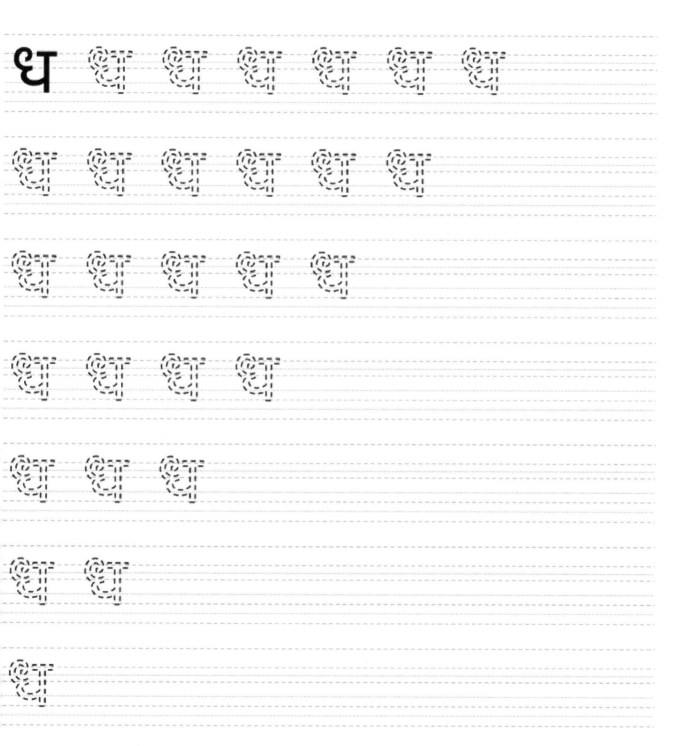

न न न न न न न

न न न न न न

न न न न न

न न न न

न न न

न न

न

प

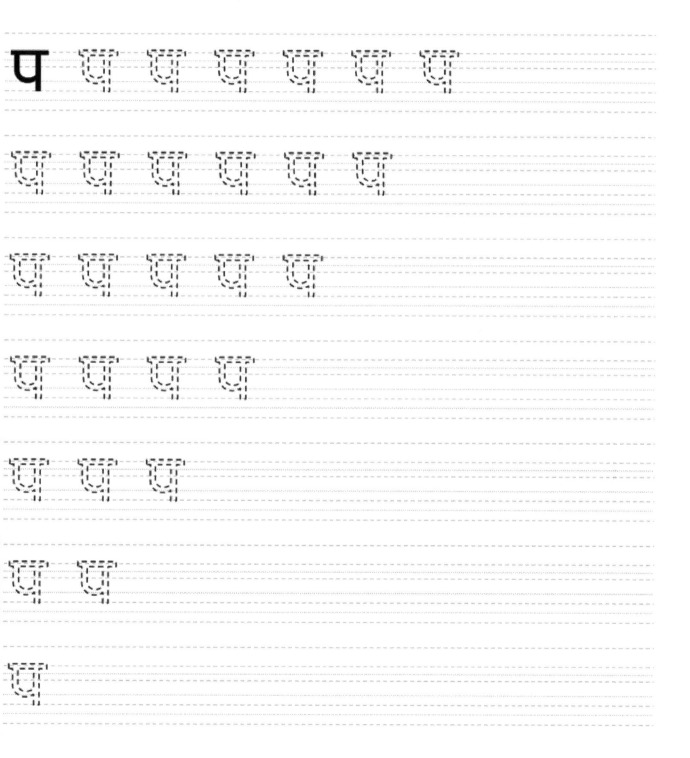

फ   फ   फ   फ   फ   फ   फ

फ   फ   फ   फ   फ   फ

फ   फ   फ   फ   फ

फ   फ   फ   फ

फ   फ   फ

फ   फ

फ

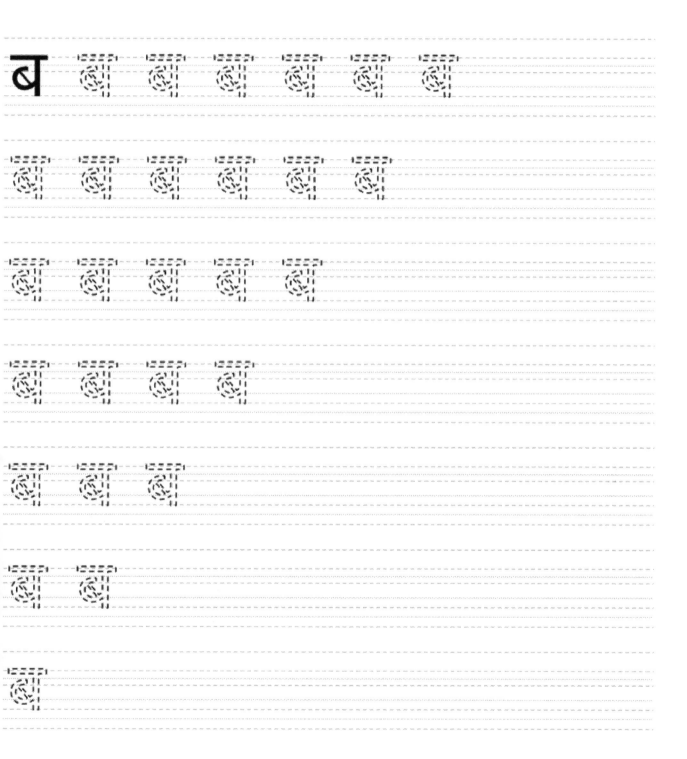

ब ब ब ब ब ब ब

ब ब ब ब ब ब

ब ब ब ब ब

ब ब ब ब

ब ब ब

ब ब

ब

भ भ भ भ भ भ भ

भ भ भ भ भ भ

भ भ भ भ भ

भ भ भ भ

भ भ भ

भ भ

भ

म म म म म म म

म म म म म म

म म म म म

म म म म

म म म

म म

म

य य य य य य य

य य य य य य

य य य य य

य य य य

य य य

य य

य

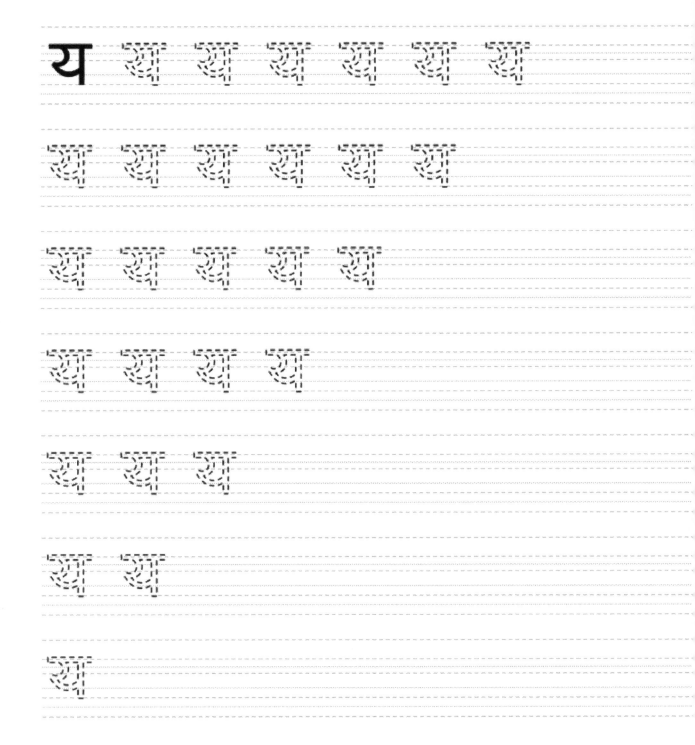

र र र र र र र

र र र र र र

र र र र र

र र र र

र र र

र र

र

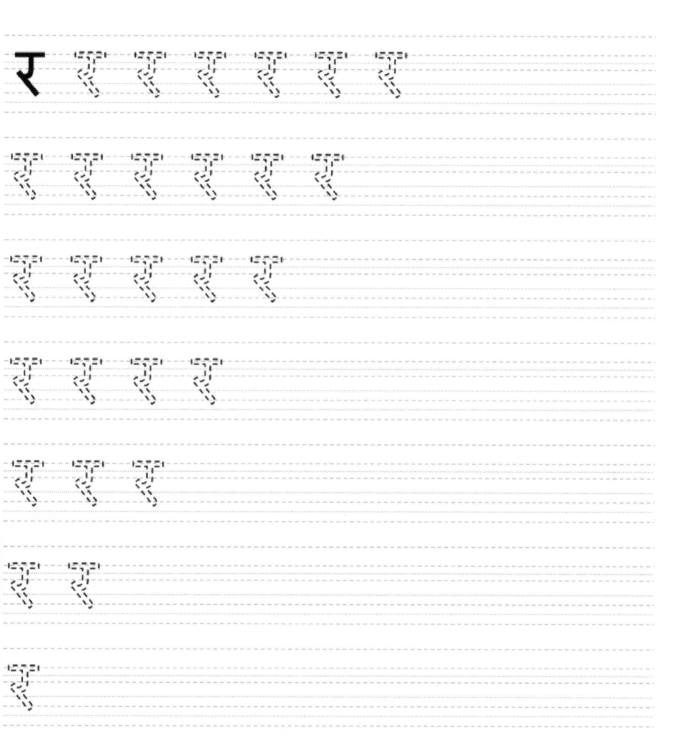

ल ल ल ल ल ल ल

ल ल ल ल ल ल

ल ल ल ल ल

ल ल ल ल

ल ल ल

ल ल

ल

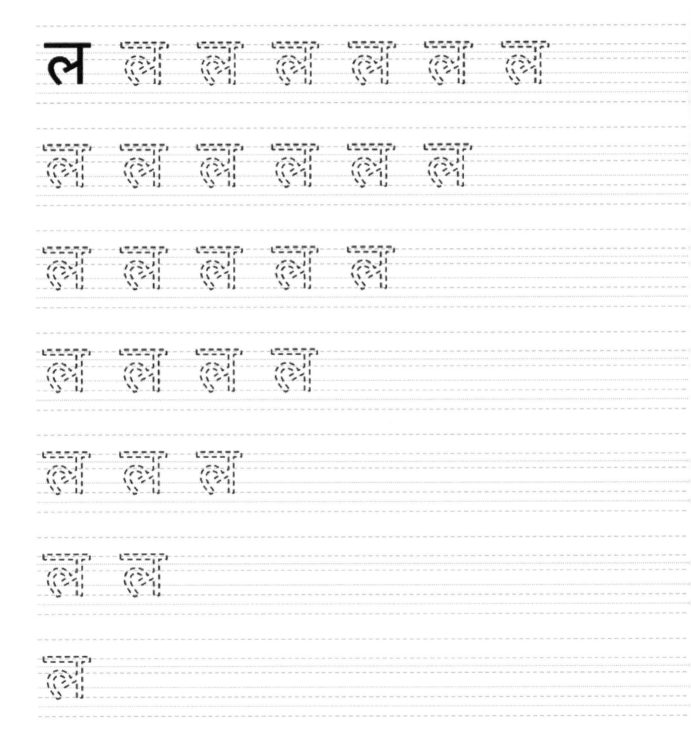

व व व व व व व

व व व व व व

व व व व व

व व व व

व व व

व व

व

श श श श श श श

श श श श श श

श श श श श

श श श श

श श श

श श

श

ष

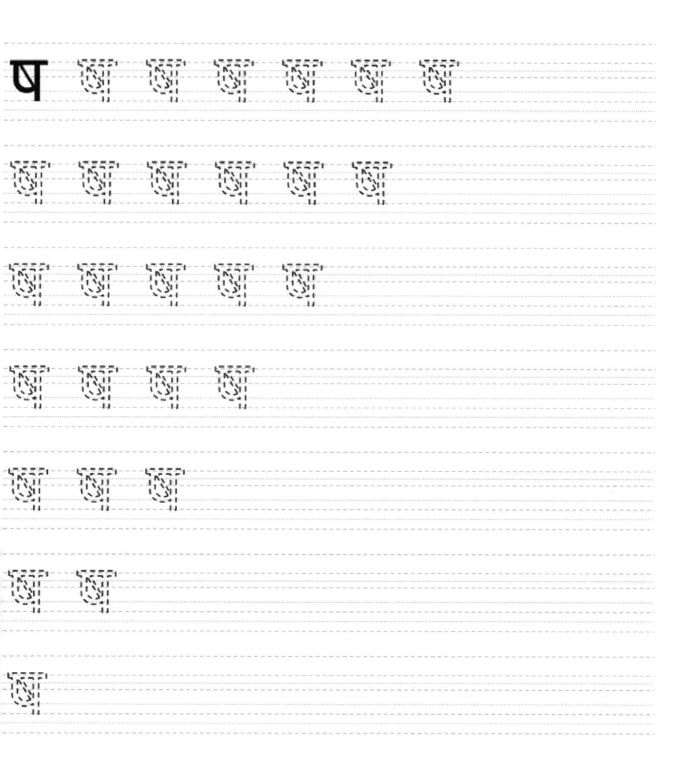

स

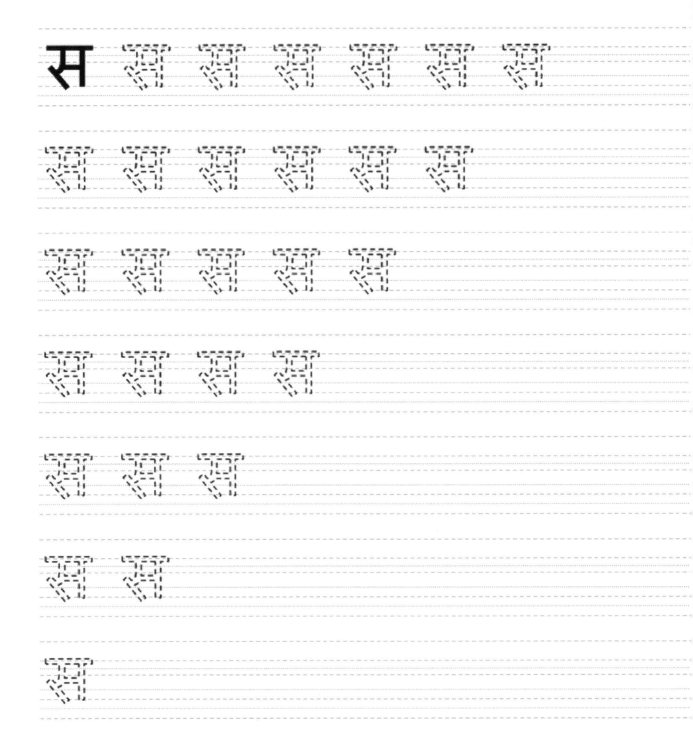

ह

ह ह ह ह ह ह

ह ह ह ह ह ह

ह ह ह ह ह

ह ह ह ह

ह ह ह

ह ह

ह

क्ष क्ष क्ष क्ष क्ष क्ष क्ष

क्ष क्ष क्ष क्ष क्ष क्ष

क्ष क्ष क्ष क्ष क्ष

क्ष क्ष क्ष क्ष

क्ष क्ष क्ष

क्ष क्ष

क्ष

त्र त्र त्र त्र त्र त्र त्र

त्र त्र त्र त्र त्र त्र

त्र त्र त्र त्र त्र

त्र त्र त्र त्र

त्र त्र त्र

त्र त्र

त्र

ज्ञ ज्ञ ज्ञ ज्ञ ज्ञ ज्ञ ज्ञ

ज्ञ ज्ञ ज्ञ ज्ञ ज्ञ ज्ञ

ज्ञ ज्ञ ज्ञ ज्ञ ज्ञ

ज्ञ ज्ञ ज्ञ ज्ञ

ज्ञ ज्ञ ज्ञ

ज्ञ ज्ञ

ज्ञ

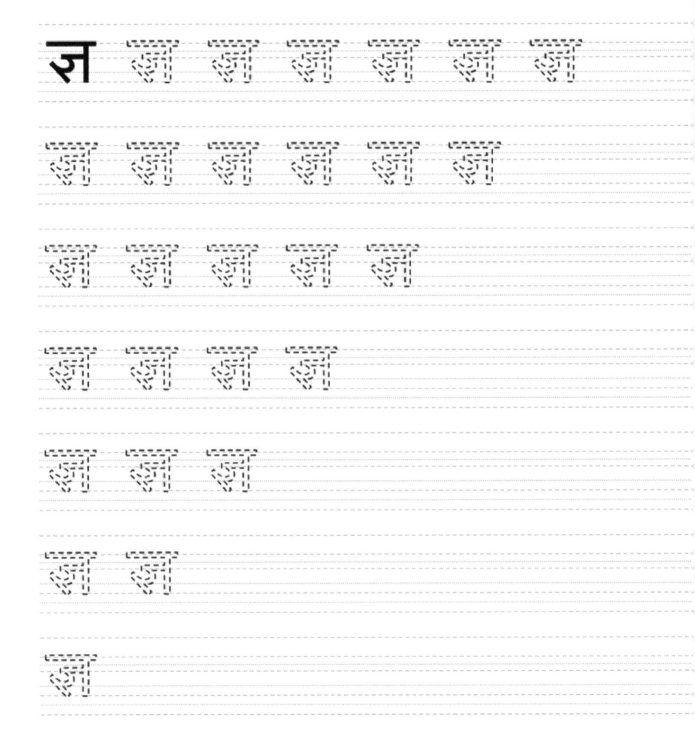

श्र श्र श्र श्र श्र श्र श्र

श्र श्र श्र श्र श्र श्र

श्र श्र श्र श्र श्र

श्र श्र श्र श्र

श्र श्र श्र

श्र श्र

श्र

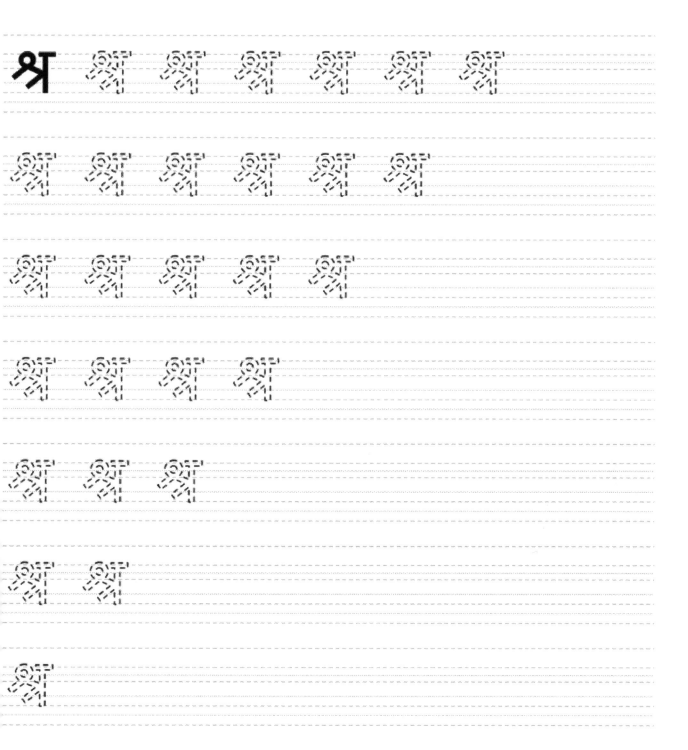

Matras/मात्रा

Use this section to practice making Hindi matras.

Each page on this section consists of seven rows, with the top row containing seven instances of the outline of a letter with one of the matras, and each subsequent row containing one less instance, but with the matra on a separate consonant.

Use your crayon, pencil or pen to trace through the outline of the letter with the matra to practice writing it . When you are done with the outlined letter, on the space that is remaining on the right of the row, practice making the letter without the outline. You can use the grid-lines to help in making the letters with the appropriate matra.

Each row has a letter clearly marked out in black which can be used as a reference when completing that row.

का का का का का का का

हा हा हा हा हा हा

दा दा दा दा दा

वा वा वा वा

ता ता ता

सा सा

ला ला

जि　जि　जि　जि　जि　जि　जि

ति　ति　ति　ति　ति　ति

लि　लि　लि　लि　लि

वि　वि　वि　वि

रि　रि　रि

कि　कि

नि　नि

नी	नी	नी	नी	नी	नी	नी
बी	बी	बी	बी	बी	बी	
ती	ती	ती	ती	ती		
घी	घी	घी	घी			
वी	वी	वी				
सी	सी					
ली	ली					

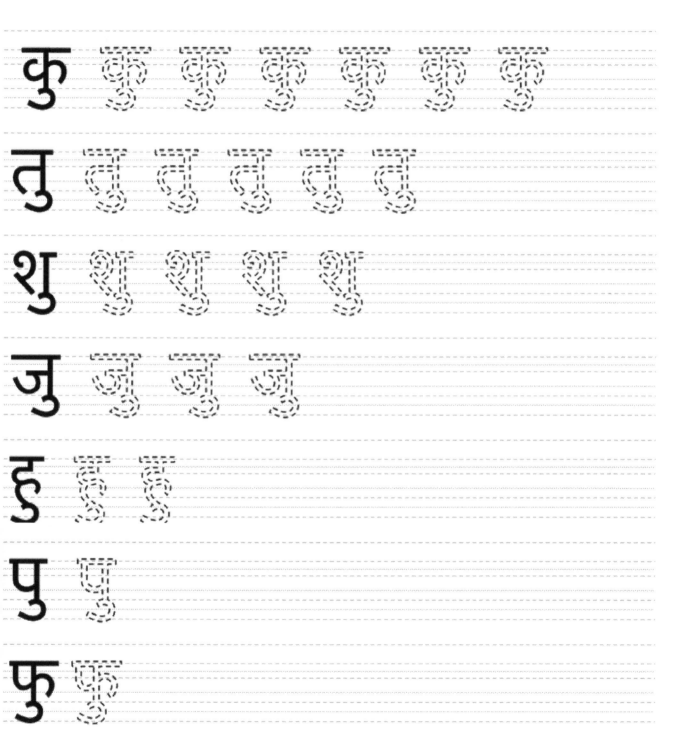

कु

तु

शु

जु

ळु

पु

फु

जू जू जू जू जू जू जू

कू कू कू कू कू कू

लू लू लू लू लू

सू सू सू सू

पू पू पू

वू वू

खू खू

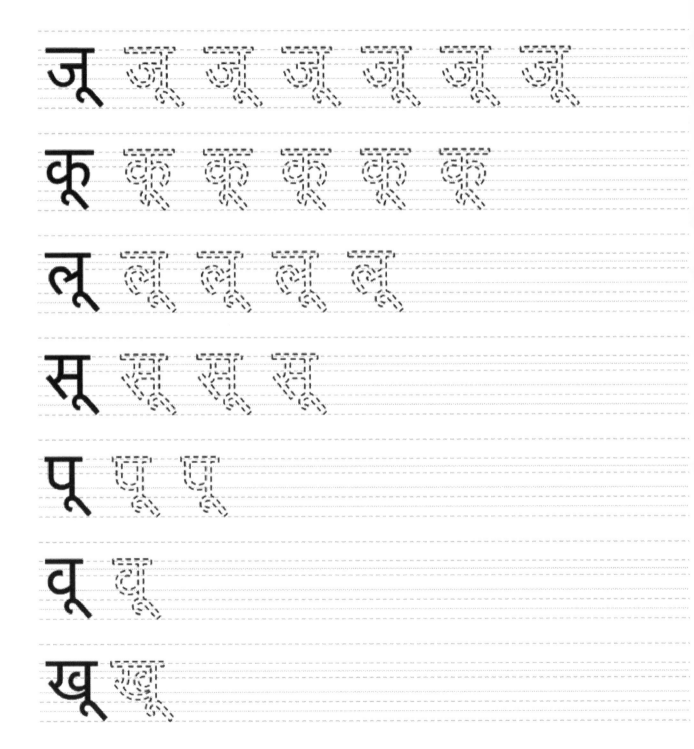

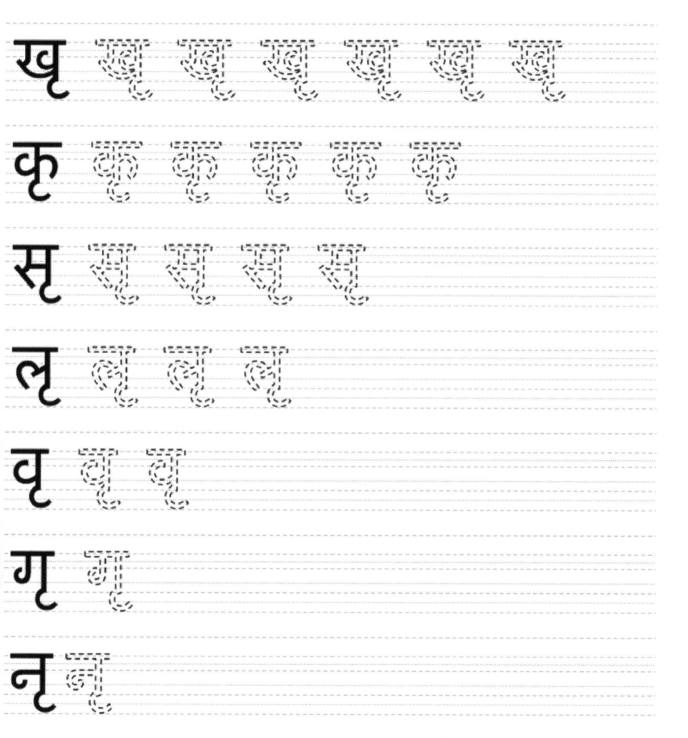

खृ खृ खृ खृ खृ खृ खृ

कृ कृ कृ कृ कृ कृ

सृ सृ सृ सृ सृ

लृ लृ लृ लृ

वृ वृ वृ

गृ गृ

नृ नृ

जे गे गे गे गे गे गे

ते तो तो तो तो

ले ले ले ले ले

वे वे वे वे

रे रे रे

के के

ने ने

जै जै जै जै जै जै जै

कै कै कै कै कै कै

लै लै लै लै लै

सै सै सै सै

पै पै पै

वै वै

खै खै

को को को को को को को

हो हो हो हो हो हो

दो दो दो दो दो

वो वो वो वो

तो तो तो

सो सो

लो लो

नौ नौ नौ नौ नौ नौ नौ

बौ बौ बौ बौ बौ बौ

तौ तौ तौ तौ तौ

घौ घौ घौ घौ

वौ वौ वौ

सौ सौ

लौ लौ

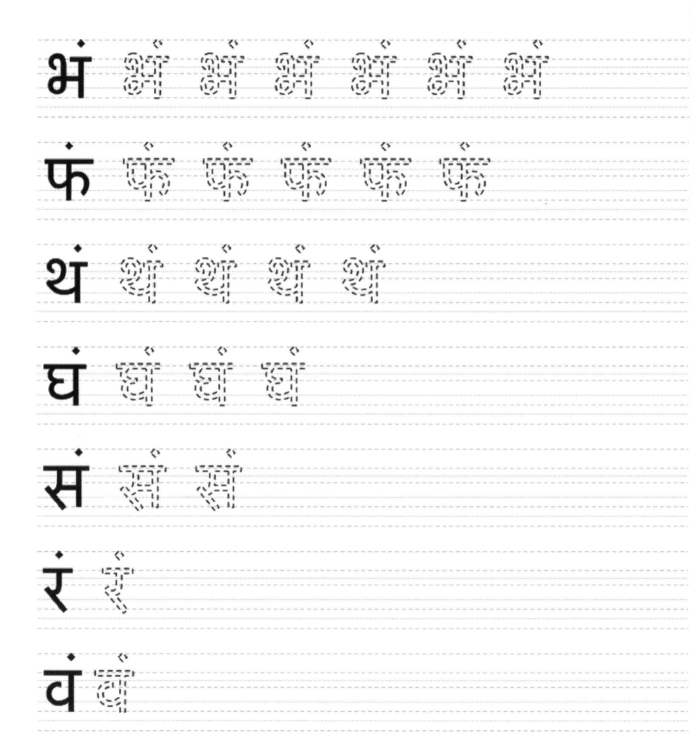

भं भं भं भं भं भं भं

फं फं फं फं फं फं

थं थं थं थं थं

घं घं घं घं

सं सं सं

रं रं

वं वं

खः खः खः खः खः खः

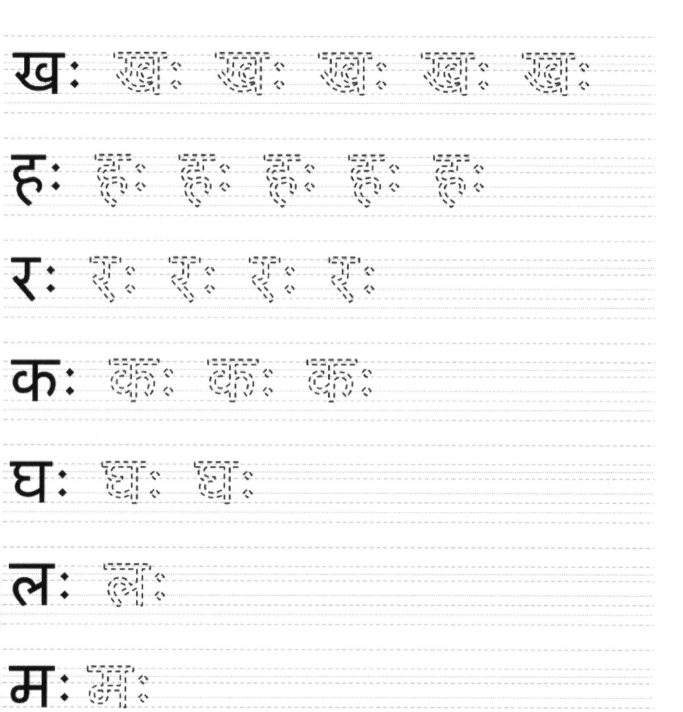

हः हः हः हः हः हः

रः रः रः रः रः

कः कः कः कः

घः घः घः

लः लः

मः मः

Words/शब्द

Use this section to practice some common Hindi words

Each page on this section has a picture followed by seven rows of guidelines. The word representing the picture is outlined on each of the rows, multiple instances in the first row, going down by one instance per row till only one instance remains in the last few rows.

Use your crayon, pencil or pen to trace through the outline of the word. When you are done with the outlined word on a row, practice making the letter without the outline on the space left on the row. You can use the grid-lines to help in making the word properly.

The first instance of the word on the first row can be used as a reference when doing the exercises.

घर घर घर घर घर घर घर

घर घर घर घर घर घर

घर घर घर घर घर

घर घर घर घर

घर घर घर

घर घर

घर

पर पर पर पर पर पर पर

पर पर पर पर पर पर

पर पर पर पर पर

पर पर पर पर

पर पर पर

पर पर

पर

कलम

कलम कलम कलम

कलम कलम कलम

कलम कलम

कलम

कलम

कलम

कलम

कागज

कागज कागज

कागज कागज

कागज

कागज

कागज

कागज

कागज

छतरी छतरी छतरी छतरी

छतरी छतरी छतरी

छतरी छतरी

छतरी

छतरी

छतरी

छतरी

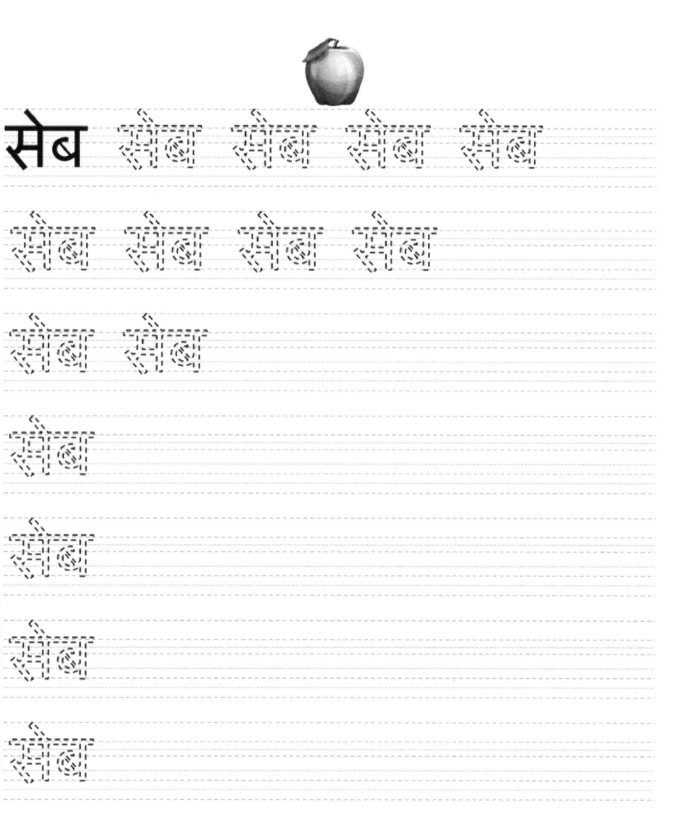

सेब सेब सेब सेब सेब

सेब सेब सेब सेब

सेब सेब

सेब

सेब

सेब

सेब

केला केला केला केला

केला केला केला

केला केला

केला

केला

केला

केला

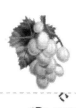

अंगूर अंगूर अंगूर अंगूर

अंगूर अंगूर अंगूर

अंगूर अंगूर

अंगूर

अंगूर

अंगूर

अंगूर

आलू आलू आलू आलू

आलू आलू आलू

आलू आलू

आलू

आलू

आलू

आलू

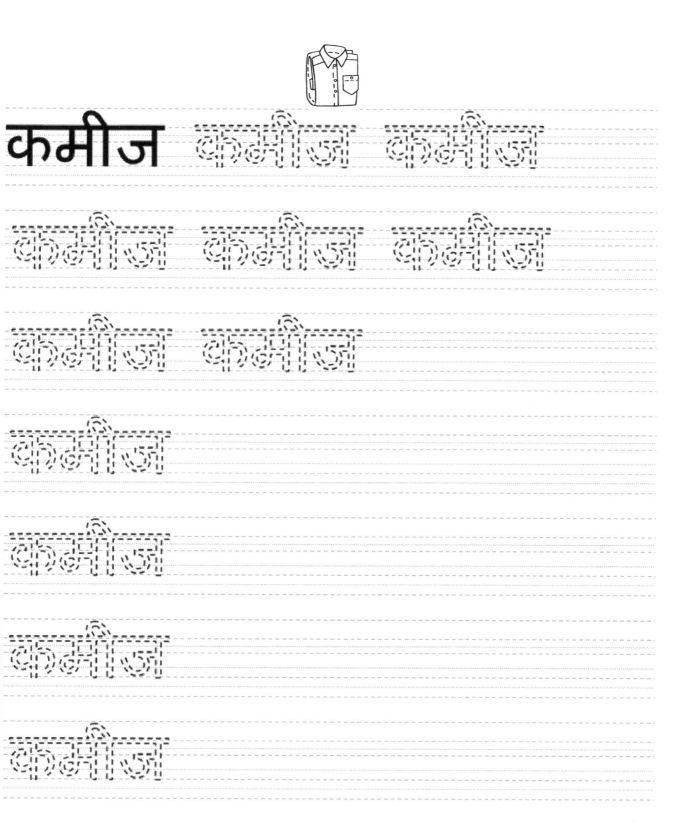

कमीज कमीज कमीज

कमीज कमीज कमीज

कमीज कमीज

कमीज

कमीज

कमीज

कमीज

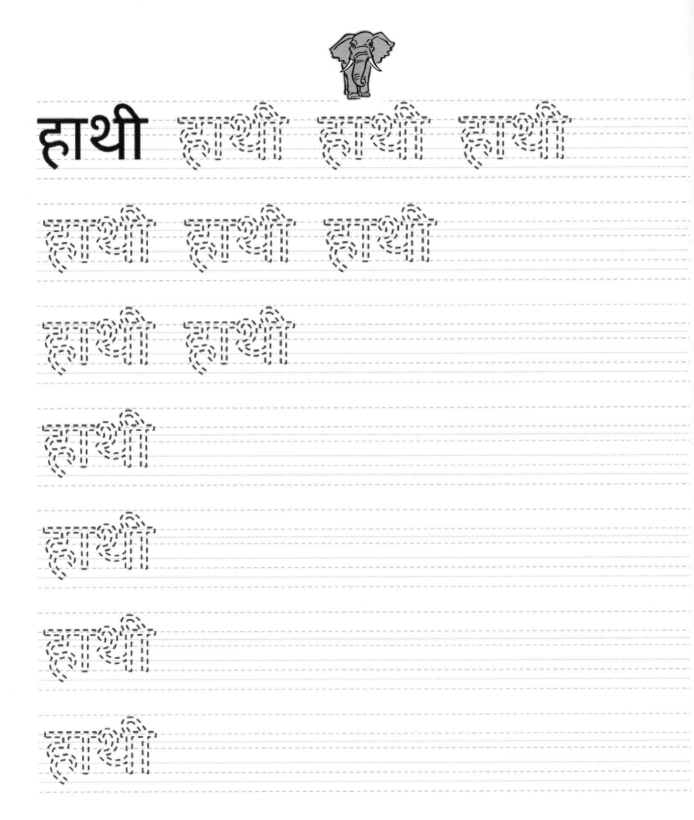

हाथी

हाथी हाथी हाथी

हाथी हाथी हाथी

हाथी हाथी

हाथी

हाथी

हाथी

हाथी

मोर मोर मोर मोर मोर

मोर मोर मोर मोर

मोर मोर मोर

मोर मोर

मोर

मोर

मोर

तोता तोता तोता तोता

तोता तोता तोता तोता

तोता तोता तोता

तोता तोता

तोता

तोता

तोता

सूरज

सूरज सूरज सूरज

सूरज सूरज सूरज

सूरज सूरज

सूरज

सूरज

सूरज

सूरज

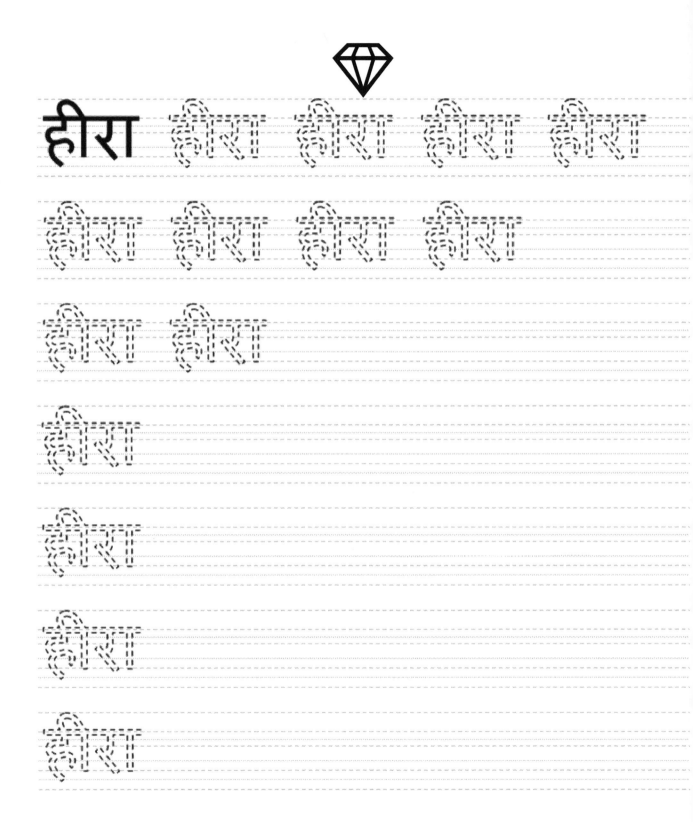

हीरा हीरा हीरा हीरा हीरा

हीरा हीरा हीरा हीरा

हीरा हीरा

हीरा

हीरा

हीरा

हीरा

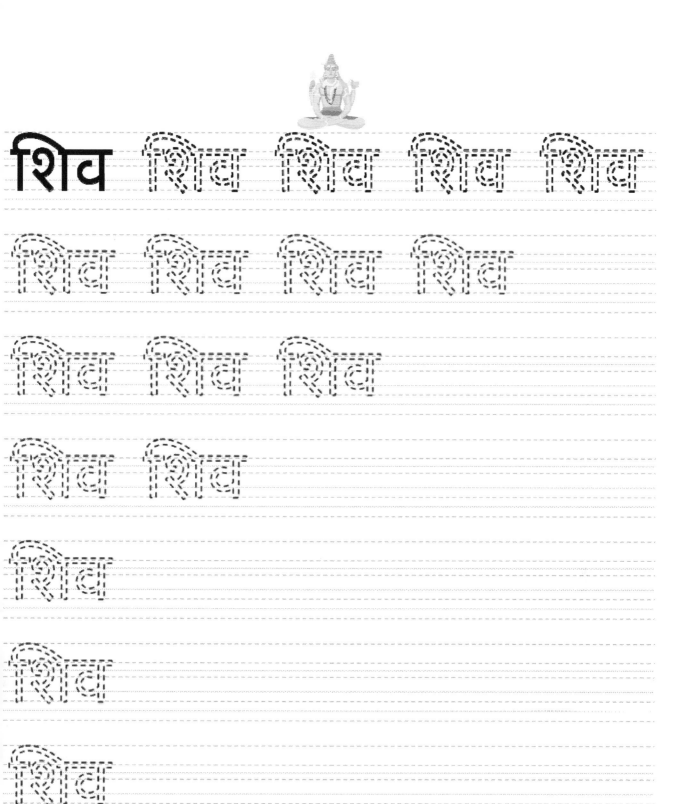

शिव शिव शिव शिव शिव

शिव शिव शिव शिव

शिव शिव शिव

शिव शिव

शिव

शिव

शिव

डोसा डोसा डोसा डोसा

डोसा डोसा डोसा

डोसा डोसा

डोसा

डोसा

डोसा

डोसा

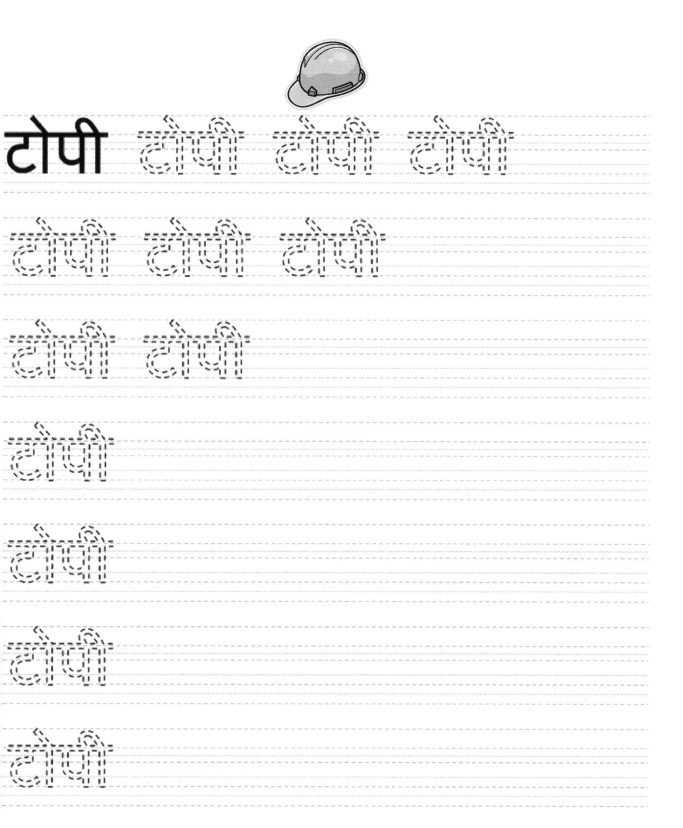

टोपी टोपी टोपी टोपी

टोपी टोपी टोपी

टोपी टोपी

टोपी

टोपी

टोपी

टोपी

भालू भालू भालू भालू

भालू भालू भालू भालू

भालू भालू भालू

भालू भालू

भालू

भालू

भालू

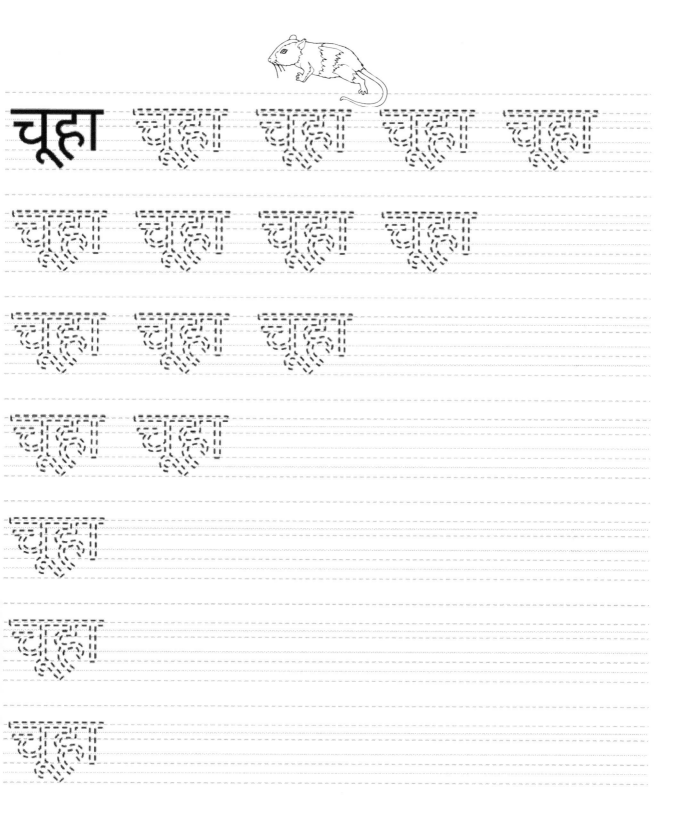

चूहा चूहा चूहा चूहा चूहा

चूहा चूहा चूहा चूहा

चूहा चूहा चूहा

चूहा चूहा

चूहा

चूहा

चूहा

तारा तारा तारा तारा

तारा तारा तारा तारा

तारा तारा तारा

तारा तारा

तारा

तारा

तारा

गुलाब गुलाब गुलाब गुलाब

गुलाब गुलाब गुलाब

गुलाब गुलाब

गुलाब

गुलाब

गुलाब

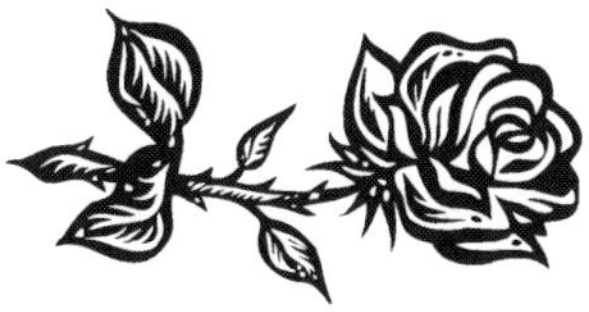

गुलाब

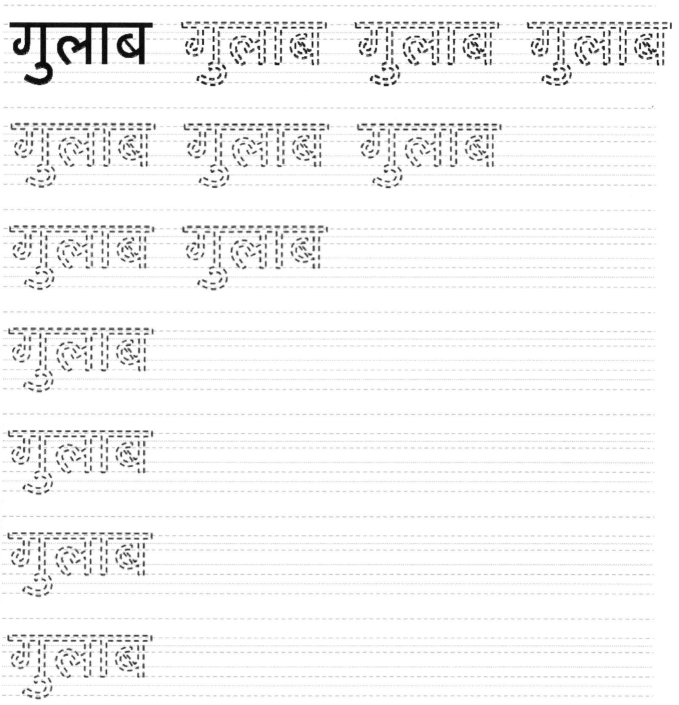

ताला ताला ताला ताला

ताला ताला ताला ताला

ताला ताला ताला

ताला ताला

ताला

ताला

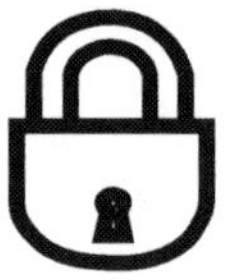

ताला

चाभी

चाभी   चाभी   चाभी

चाभी   चाभी   चाभी   चाभी

चाभी   चाभी   चाभी

चाभी   चाभी   चाभी

चाभी   चाभी

चाभी   चाभी

चाभी

राम राम राम राम राम

राम राम राम राम राम

राम राम राम राम

राम राम राम राम

राम राम राम

राम राम

राम

96

अंडा अंडा अंडा अंडा अंडा

अंडा अंडा अंडा अंडा

अंडा अंडा अंडा

अंडा अंडा

अंडा अंडा

अंडा

अंडा

कार

कार कार कार कार

कार कार कार कार

कार कार कार

कार कार कार

कार कार

कार

कार

Sentence/वाक्य

Use this section to practice some common Hindi sentences

Each page on this section has seven rows of guidelines. The first row shows a simple sentence in Hindi. The second row shows the same sentence with outlines of the letters. In each subsequent row, the number of words is decreased until the last rows has no outlined words at all.

Use your crayon, pencil or pen to trace through the outline of the words and make the complete sentences. You can use the grid-lines to help in making the word properly.

The first row has the sentence completely written and can be used as a reference.

आप का नाम क्या है?

आप का नाम क्या है?

आप का नाम क्या

आप का नाम

आप का

आप

मेरा नाम राम है।

मेरा नाम राम है।

मेरा नाम राम

मेरा नाम

मेरा

आप कहाँ रहते हैं?

आप कहाँ रहते हैं?

आप कहाँ रहते

आप कहाँ

आप

मैं अमेरिका में रहता हूँ।

मैं अमेरिका में रहता हूँ।

मैं अमेरिका में रहता

मैं अमेरिका में

मैं अमेरिका

मैं

मैं हिंदी लिख सकता हूँ।

मैं हिंदी लिख सकता हूँ।

मैं हिंदी लिख सकता

मैं हिंदी लिख

मैं हिंदी

मैं

मुझे मीठा आम पसंद है।

मुझे मीठा आम पसंद है।

मुझे मीठा आम पसंद

मुझे मीठा आम

मुझे मीठा

मुझे

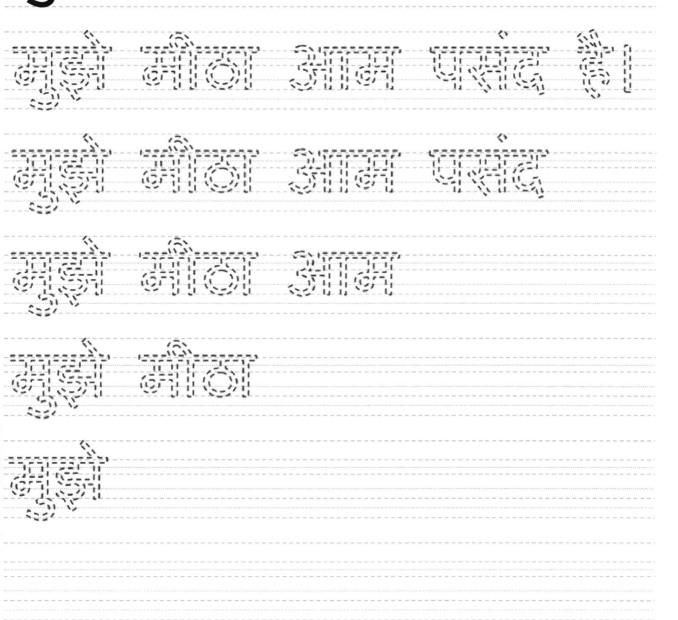

हम बाहर खेल रहे हैं।

हम बाहर खेल रहे हैं

हम बाहर खेल रहे

हम बाहर खेल

हम बाहर

हम

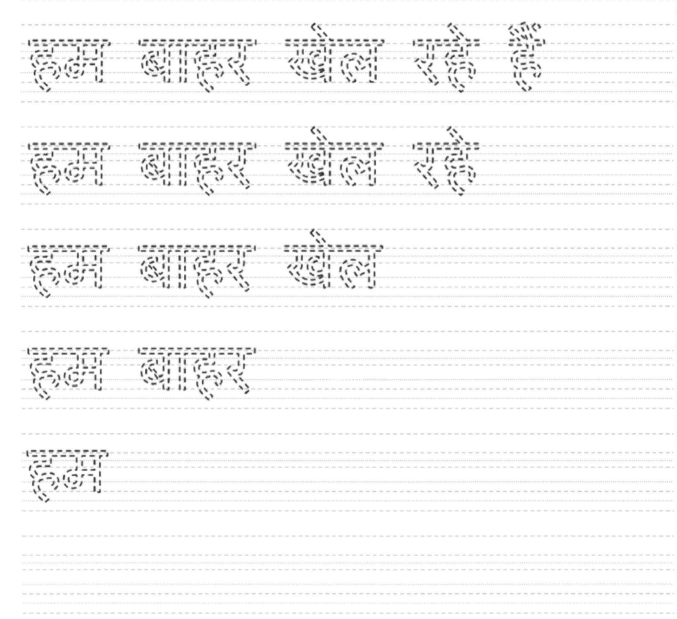

Chanda Books Publications

Level 1 Hindi:

• Aamoo the Aam
• Aamoo the Aam – Part II
• Aamoo the Aam – Part III
• Hindi Children's Book Level 1 Easy Reader

Level 2 Hindi:

• Tara Sitara
• Tara ke Kisse
• Hindi Children's Book Level 2 Easy Reader

Level 3 Hindi:

• Sonu ke kisse
• Sonu ke Afsane
• Sonu ke Tyohar
• Hindi Children's Book Level 3 Easy Reader
• Hindi Nursery Rhymes

Alphabet Books:

• Bengali Alphabet Book
• Gujarati Alphabet Book
• Hindi Alphabet Book
• Marathi Alphabet Book
• Punjabi Alphabet Book

Hindi Activity Books:

• Learn Hindi Alphabet Activity Workbook
• Learn Hindi Writing Activity Workbook
• Learn Hindi Matras Activity Workbook
• Learn Hindi Vocabulary Activity Workbook
• Learn Hindi Grammar Activity Workbook
• Hindi Activity Workbook

Bengali Activity Books:

• Learn Bengali Alphabet Activity Workbook
• Learn Bengali Writing Activity Workbook
• Learn Bengali Vocabulary Activity Workbook

Punjabi Activity Books:

• Learn Punjabi Alphabet Activity Workbook
• Learn Punjabi Writing Activity Workbook
• Learn Punjabi Vocabulary Activity Workbook

Indian Culture Activity Books:

• Hinduism for Children Activity Workbook
• Indian Festivals Activity Workbook

Other Subjects:

• Bhajan Ganga
• Indian Culture Stories: Sanskar
• South Asian Immigration Stories

Printed in Great Britain
by Amazon.co.uk, Ltd.,
Marston Gate.